FACULTÉ DE DROIT DE TOULOUSE

RAPPORT

PRÉSENTÉ A M. LE MINISTRE DE L'INSTRUCTION PUBLIQUE ET DES BEAUX-ARTS

En réponse à la circulaire du 12 janvier 1889

RELATIVE A L'ORGANISATION DES ÉTUDES DE LA LICENCE EN DROIT

FACULTÉ DE DROIT DE TOULOUSE

—

RAPPORT

Présenté a M. le Ministre de l'Instruction publique et des Beaux-Arts, en réponse a la circulaire du 12 janvier 1889, relative a l'organisation des études de la licence en droit.

Rapporteur : **M. BONFILS** (1).

—

Toulouse, le 27 février 1889.

Monsieur le Ministre,

Vous avez manifesté le désir de connaître l'opinion sérieusement mûrie et franchement exprimée de chacune des Facultés de droit sur un projet de réorganisation des études de la licence en droit. Les Facultés sont également invitées par vous à proposer avec une liberté pleine et entière tout amendement jugé utile ou tout autre projet.

Désireuse de répondre à votre appel, la Faculté de Toulouse a l'honneur de vous soumettre, Monsieur le Ministre, avec une respectueuse sincérité, les réflexions que lui a suggérées l'étude attentive du projet élaboré dans la circulaire du 12 janvier dernier.

La réforme mise à l'étude a paru à la Faculté avoir une exceptionnelle gravité. Selon le sens dans lequel elle sera résolue, elle peut engendrer les plus féconds résultats ou les plus fâcheuses conséquences. Le fonctionnement des pouvoirs publics comme la sauvegarde des intérêts privés se ressentiront de la solution adoptée.

Le but, immédiatement visé et poursuivi, est de faciliter, par la création de nouveaux enseignements, la préparation aux fonctions administratives et politiques et

---

(1) Commission préparatoire : MM. Paget, Doyen; Bonfils, Campistron, professeurs; Rouard de Card, Despiau, agrégés.

(C.)

aux carrières commerciales et industrielles. — Le moyen, la réorganisation des études de la licence en droit.

I

La Faculté ne peut qu'adhérer à la création de nouveaux enseignements, dont quelques-uns, tels que le droit international public (1), la science et la législation financières, ont été, à plusieurs reprises, l'objet de ses vœux.

II

La Faculté adopte aussi l'idée de cours semestriels. — Condensés en quarante-cinq leçons, certains enseignements deviennent plus synthétiques, plus puissants, plus généralisateurs, plus aptes par conséquent à tremper l'esprit, plus propres à fortifier l'intelligence. Plus réduit sera l'appel fait à la mémoire, plus pressant l'appel adressé au raisonnement. — Mais des cours semestriels supposent que tous les enseignements relatifs à la licence comportent *trois* leçons par semaine.

III

Le projet présenté aux Facultés se résume et se condense dans les principes suivants : 1° Maintien des matières fondamentales de l'instruction juridique, obligatoires pour tous les étudiants ; — 2° distribution entre la deuxième et la troisième années d'études de matières anciennes réduites et de matières nouvelles, groupées en deux branches entre lesquelles s'exercera l'option des étudiants ; — 3° maintien de l'unité du grade ; — 4° maintien de la scolarité à trois années.

Premier principe.

Maintien des matières fondamentales de l'instruction juridique, obligatoires pour tous les étudiants.

Ce principe découle nécessairement du caractère des Facultés de droit, du but de leur institution. Les Facultés ne sont pas et ne doivent pas être des écoles professionnelles. Elles ne doivent pas avoir pour objet principal la préparation directe et immédiate à un certain nombre de professions limitées. Leur mission est plus large et plus haute. Etablissements d'Enseignement Supérieur, elles doivent, avant

---

(1) Le cours de droit international public vient d'être créé par arrêté ministériel du 29 janvier 1889. — La Faculté a un cours complémentaire de *Droit industriel.*

toutes choses et par-dessus tout, se proposer de donner à l'esprit de leurs étudiants une culture scientifique générale. Familiariser leurs élèves avec l'emploi de méthodes appropriées, enrichir leur intelligence de notions fondamentales destinées à leur servir de guide, leur constituer un tempérament juridique, tel est le vrai rôle des Facultés de droit.

Cette culture générale qui trempe l'intelligence, qui lui donne vigueur, force et souplesse est aussi nécessaire aux futurs administrateurs qu'aux futurs magistrats, aux futurs consuls et diplomates qu'aux futurs avocats. — Les attributions des conseillers de préfecture, celles des conseillers d'Etat ne sont pas sensiblement différentes de celles des magistrats de l'ordre judiciaire. Si les services que l'Etat et que les citoyens sont en droit d'attendre des membres des tribunaux administratifs devaient différer au fond de ceux que doivent procurer les juges des juridictions ordinaires, on comprendrait que l'éducation intellectuelle des uns différât de celle des autres. Mais il n'en est rien. Les principes que les uns appliquent aux affaires civiles ou commerciales et les autres aux affaires administratives sont identiques : ce sont les mêmes règles générales qui doivent inspirer le juge, les mêmes principes d'interprétation des textes qu'il doit suivre. Si le texte de la loi positive à appliquer est différent, le travail de l'esprit est le même et implique une éducation identique. — Un consul est souvent juge, a des attributions nombreuses et, devant la variété indéfinie des espèces où le besoin de célérité s'unit à la difficulté de la solution, une solide instruction juridique doit lui avoir procuré la pleine possession des principes fondamentaux qui lui dicteront ses décisions.

Si, tout en donnant cette culture générale, les Facultés fournissent à leurs auditeurs des notions plus spécialement utilisables dans telle ou telle profession, ce surcroît d'avantages, qui ne saurait être ni négligé, ni méconnu, ne doit pas être mis au premier rang.

La réforme à réaliser doit être conçue en harmonie avec la fonction principale des Facultés de droit. — La préparation directe à telle ou telle profession déterminée ne doit pas être l'objectif visé par cette réforme. Celle-ci doit tendre à agrandir le champ de cette culture générale, nécessaire aux membres des assemblées délibérantes comme aux fonctionnaires de l'ordre judiciaire ou de l'ordre administratif, utile aux simples citoyens pour la gestion de leurs intérêts privés comme pour la participation aux affaires publiques.

D'accord sur le principe, la Faculté se sépare du projet sur son application, sur la détermination des matières fondamentales de l'instruction juridique. Comme lui, elle classe parmi ces matières, le droit civil, l'économie politique, le droit commercial et le droit administratif.

Droit criminel. — Mais la Faculté ne pense pas qu'un semestre (45 leçons) soit suffisant pour l'enseignement du droit criminel, approprié aux besoins d'un futur préfet, conseiller de préfecture ou conseiller d'Etat. Le droit criminel fait partie du droit public et se rattache intimement aux sciences d'Etat. Tout administrateur doit en bien connaître les principes. Dans un cours semestriel, le temps fera défaut pour fournir à l'auditoire une notion suffisante et exacte des théories pénales anciennes et nouvelles, des travaux si importants des criminalistes français et étrangers, du droit pénal positif et de l'instruction criminelle. Mieux vaudrait peut-être l'ignorance absolue qu'une connaissance incomplète donnant l'illusion dangereuse d'un savoir non réellement acquis.

Procédure civile. — La Faculté formule une semblable remarque à propos de la procédure civile. Un semestre lui paraît d'autant plus insuffisant que le cours de procédure n'a pas pour but de former des praticiens ou des rédacteurs d'actes, mais d'inculquer les principes généraux que les auteurs du Code ont sous-entendus; or, la connaissance de ces principes est indispensable aux membres des tribunaux administratifs. — Le Sénat vient de voter, il y a quelques jours, un projet de loi relatif à l'instruction des affaires contentieuses devant les Conseils de préfecture. Ce projet se réfère, à chaque pas, implicitement aux règles générales de procédure supposées connues. Seuls diffèrent les points de détail, les règles de pure forme, le côté externe de la procédure. Le Sénat ne pouvait légiférer autrement. La force des choses le veut. Une demande reconventionnelle ou en garantie, un incident, la péremption, etc., ne perdent pas leurs caractères essentiels pour se produire devant une juridiction administrative plutôt que devant une juridiction civile.

Droit romain. — Le projet considère le droit romain comme rentrant dans la catégorie des matières fondamentales, à l'égard même des élèves de la section administrative. — Mais peut-on pour eux, en la transformant, réduire son étude à une seule année ? La question a déjà été soulevée et résolue, en 1872, par la commission instituée par M. Jules Simon, ministre de l'Instruction publique. La commission pensa que si l'enseignement du droit romain doit se restreindre aux éléments de ce droit, ces éléments doivent être présentés complets. « Si le professeur, obligé de
» courir, écourte tout, bien loin de préparer ses élèves à mieux comprendre le droit
» français, il ne fera que porter le trouble dans leurs esprits ; il les encombrera de
» ce demi-savoir qui obscurcit tout, qui engendre les idées fausses, et qui, inutile
» en lui-même, n'est souvent qu'un danger pour d'autres études. Pour tirer un
» profit quelconque du droit romain, il faut le comprendre à fond, et cela suppose
» qu'on l'a non seulement embrassé dans l'ensemble de ses matières, mais aussi
» dans toute l'étendue de son développement historique : or, est-ce trop de deux
» années pour une tâche aussi vaste ?... La commission n'a pas cru que le droit
» romain ne dut être enseigné que dans ses rapports avec le droit français : on a
» cru, au contraire, que, pour être vraiment profitable, il devait être recherché
» jusqu'à ses origines, embrassé dans toutes ses parties et suivi dans tout le cours
» de son développement chronologique... » La Faculté de Toulouse partage la manière de voir des membres de la commission de 1872.

En outre, d'après le projet, le droit romain doit être enseigné deux fois, à deux points de vue différents, pour les élèves de la section judiciaire. Cette méthode n'est pas à l'abri de la critique et ne saurait être avantageuse aux étudiants qui ont besoin d'une solide éducation juridique.

Droit constitutionnel. — La Faculté adhère au projet quand il fait figurer le droit constitutionnel parmi les enseignements obligatoires pour tous les étudiants et quand il place cet enseignement en première année pendant le deuxième semestre.

Histoire générale. — Elle adopte aussi le maintien de l'histoire générale du droit français avec la réduction au premier semestre.

Droit international public. — La Faculté place encore parmi les matières fondamentales le droit des gens ou droit international public. Cet enseignement, avec le concours qu'il demande nécessairement à l'histoire générale, à l'histoire diplomatique, au droit maritime, est un des plus propres à contribuer à la culture générale de l'esprit. Il permet de comprendre et de suivre les événements au milieu desquels se meuvent, se débattent et se développent la nation française et les Etats modernes. Il fournit à ceux qui ont ou auront, par la parole ou par la plume, sur l'opinion publique, une influence incontestable, les moyens de l'éclairer et de la prémunir contre de décevants entraînements.

Droit international privé. — Le droit international privé a sa place à côté du droit des gens et doit servir comme lui à étendre les horizons ouverts devant les élèves des Facultés. — Cependant plusieurs membres de la Faculté pensent que cet enseignement est improprement placé dans la troisième année de licence ; qu'il serait plus utile, plus fructueux s'il était reporté dans le plan d'études du doctorat, à la suite de la licence, alors que les élèves ont des notions suffisantes sur l'ensemble du droit civil et du droit commercial. Ne faut-il pas, par exemple, connaître les matières de la lettre de change, des transports, de la faillite, pour comprendre les conflits de lois auxquels dans la pratique elles donnent naissance ?

Deuxième principe.

En deuxième et en troisième années, groupement des matières en deux branches entre lesquelles s'exercera l'option des étudiants.

La Faculté ne croit pas pouvoir donner son adhésion à ce principe. Vainement essaie-t-on de s'en défendre, il conduit irrémédiablement à une véritable bifurcation dans les études de droit, aboutissant fatalement à deux diplômes ayant chacun sa valeur propre et distincte. — Il implique une option à faire par les étudiants, option dangereuse parce qu'elle est prématurée, imposée à un âge où les vocations s'ignorent et ne peuvent être définitivement arrêtées. A dix-neuf ou vingt ans, le jeune homme (et sa famille pas plus que lui-même) ne peut choisir une carrière immuable. L'instruction reçue à la Faculté doit lui rendre possible une évolution nécessaire ou utile, lui en fournir les moyens, lui permettre, après avoir essayé d'un emploi administratif, de se tourner vers les fonctions ou professions d'ordre judiciaire, et réciproquement. — Avec l'option obligatoire, et elle ne peut pas ne pas l'être, il sera plus que malaisé de changer la direction de son existence. Il est difficile d'admettre que des études faites dans des directions différentes puissent procurer des avantages identiques, ouvrir avec une égale facilité toutes les carrières, pour lesquelles une instruction juridique est nécessaire.

Parmi les élèves, les plus avisés, les mieux conseillés devront suivre les enseignements des deux branches et subir les examens correspondants. Et de deux choses, l'une : ou bien ces jeunes gens s'imposeront pendant deux ans une surcharge de travail, alors que le programme d'une section contiendra déjà ce qui peut être embrassé avec fruit pendant la durée actuelle de la scolarité ; ou bien ils remettront à une *quatrième* année les labeurs qui leur permettront de subir l'examen afférent à la section pour laquelle ils n'auront pas d'abord opté. En fait, pour les gens prudents qui voudront se prémunir contre les éventualités, contre les conséquences de changements de directions imposés ou voulus, la bifurcation engendrera nécessairement une quatrième année d'études.

Troisième principe.

Maintien de l'unité du grade.

Aux yeux de la Faculté, l'unité du diplôme implique l'identité des programmes, l'identité des épreuves. — L'unité du diplôme obtenu à la suite d'études et d'examens différents soulève de sérieuses objections. — Ce diplôme unique établirait une présomption légale de connaissances non réellement acquises. Le diplômé n'ayant fait que les études de la section administrative serait réputé posséder les connaissances afférentes à la branche judiciaire, et réciproquement celui qui aurait opté pour cette seconde branche serait légalement présumé avoir fait les études et subi les épreuves propres à la branche administrative.

Cette présomption présenterait le grave inconvénient d'aller directement à l'encontre de l'amélioration désirée. On veut par l'extension des enseignements d'ordre économique et administratif faciliter le recrutement des fonctionnaires publics. — Comment admettre que le diplômé, qui aura opté pour la section judiciaire, pourra, à l'aide du caractère indécis de son diplôme, être nommé à des fonctions administratives ? Réciproquement, l'ancien élève de la section administrative qui n'aura que des notions superficielles en procédure et en droit criminel, pourra donc être promu à des fonctions judiciaires ! Avec une semblable éventualité, le recrutement des fonctions administratives et celui des fonctions judiciaires, loin d'être tous deux assurés, sont tous deux compromis et le grade de licencié en droit n'est plus qu'un titre sans signification précise et dépourvu d'une partie de la valeur qu'il devrait avoir.

Les jeunes gens qui, sur la foi de leur diplôme, seront entrés dans une carrière ne correspondant pas à l'ordre de leurs études (ils y seront parfois contraints), seront placés dans l'alternative suivante : Faire seuls, sans le secours et la lumière d'un enseignement oral approprié, et par suite, faire médiocrement avec des livres, les études omises et essayer ainsi de combler les lacunes de leur instruction; ou se résigner à végéter dans la carrière entreprise, sans espérance de gravir les degrés supérieurs, sous l'éventualité toujours menaçante d'une révocation possible. N'auront-ils pas le droit de se plaindre d'un régime qui les aura conduits à ce résultat?

Mais il est aisé de prévoir que la pratique tendra à réagir contre le caractère incertain d'un diplôme acquis dans des conditions différentes et établira, *en fait*, un double diplôme. Quand les chefs des cours d'appel auront des présentations à faire, ou des attachés au parquet à désigner, ils demanderont aux candidats de fournir, outre leur diplôme de licencié en droit, un certificat du Doyen ou du Secrétaire de la Faculté, constatant que ces candidats ont fait les études et subi les épreuves de la section judiciaire. Ces magistrats prudents et avisés, qui demandent actuellement communication des notes obtenues dans les examens, ne voudront pas faire nommer au poste de substitut (qui peut-être momentanément chef d'un parquet), un jeune homme ayant superficiellement étudié le droit criminel pendant six mois. — De même, les ministres de l'intérieur, des colonies, des finances, etc., soucieux du bon recrutement de leurs administrations, réclameront la justification précise d'études administratives, justification que ne leur fournira pas le diplôme de licencié. — En fait s'établira ainsi la dualité des diplômes, avec cet inconvénient en plus qu'une négligence ou qu'une indulgence blâmables permettront à quelques jeunes gens, protégés par des influences politiques ou autres, de s'affranchir de ces justifications et d'envahir des carrières pour lesquelles ils ne seront pas préparés.

L'un ou l'autre des deux résultats paraît inévitable : ou bien, en fait, par les certificats accessoires, la dualité des diplômes sera établie et il ne sera pas vrai que le même diplôme procure à tous les mêmes avantages; ou bien, les administrations publiques et la magistrature verront entrer dans leurs rangs des hommes moins préparés à leurs fonctions que les licenciés du régime actuel.

Il est donc plus simple, plus pratique, plus sûr et plus sincère que le titre de licencié en droit corresponde toujours, uniformément, à des études de même ordre et de même étendue, à des épreuves de même nature et de même valeur. — Donc, ou deux diplômes répondant à une bifurcation et à des études différentes, ou un unique diplôme impliquant identité d'études et identité d'épreuves.

Quatrième principe.

Maintien de la scolarité à trois années.

Plusieurs raisons sont invoquées pour le maintien absolu à trois années de la

durée de la scolarité. — La première est tirée de la loi militaire et du service de trois ans. Il est certain que le projet de loi, s'il est maintenu sans modifications, apportera un retard à l'entrée de quelques carrières publiques. Mais il est d'abord permis d'espérer que les futurs législateurs, éclairés par l'expérience, modifieront une loi que d'excellents esprits déclarent impraticable et adopteront, pour tous les élèves des Facultés de l'Etat, le système indiqué dans le vœu émis par le Conseil général des Facultés de Toulouse et par d'autres Conseils généraux (1), ou tout autre système conciliant les intérêts des études avec le service militaire.

Mais, en supposant le projet voté par la Chambre maintenu comme loi dans l'avenir, cette loi, comme le fait remarquer la Faculté de Paris, ne fournit pas une raison d'abréger les études d'enseignement supérieur « s'il est reconnu que cette du- » rée est nécessaire, pas plus qu'on n'abrègera la préparation requise pour toute » autre carrière qui, subissant le sort commun, se trouvera retardée de trois ans. » Les sursis d'appel permettront, même avec l'addition d'une quatrième année, l'achèvement des études commencées.

Recherchant du reste quel sera le résultat pratique engendré par une quatrième année d'études, la Faculté fait les constatations suivantes. Avec le service obligatoire de trois ans, on sera au plus tôt apte à entrer dans une fonction publique à partir de vingt-trois ans pour les bacheliers reçus à dix-sept ans, de vingt-quatre ans pour les bacheliers reçus à dix-huit ans et de vingt-cinq ans pour les bacheliers de dix-neuf ans. Une quatrième année d'études, facultative du reste et non obligatoire pour tous, conduira aux âges suivants : vingt-quatre, vingt-cinq, vingt-six ans. — Or, on ne peut, d'après la loi du 21 juin 1865, être nommé conseiller de préfecture avant vingt-cinq ans. Les limites d'âge des divers concours sont fixées comme suit : vingt-huit ans, pour l'auditorat à la cour des comptes (D. 25 décembre 1869); trente ans, pour la carrière consulaire et diplomatique (D. 25 août 1888, art. 8); pour l'adjonction à l'inspection des finances (D. 19 janvier 1885); pour l'emploi de rédacteur au ministère de l'Intérieur. — Les maxima sont, il est vrai, fixés à vingt-cinq ans pour l'auditorat au Conseil d'Etat et pour l'emploi de rédacteur au ministère des colonies, mais la loi militaire obligera de reculer cette limite d'âge. — Donc, une quatrième année d'études laissera encore un délai suffisant pour la présentation aux diverses carrières administratives.

En outre, ni la société, ni l'Etat n'ont intérêt à ce qu'un jeune homme aborde de bonne heure les fonctions publiques. Ce qui est désirable, c'est qu'il y entre avec une instruction solide et sûre, avec une certaine maturité d'esprit. La Faculté ne voit rien de regrettable à ce que nul ne puisse être nommé conseiller de préfecture avant 27 ou 28 ans.

Une deuxième objection contre l'admission d'une quatrième année d'études est tirée de l'injustice qu'il y aurait à exiger quatre années d'études pour être conseiller

(1) *Revue internationale d'enseignement*, année 1887, t. XIII, p. 55.

de préfecture ou auditeur au conseil d'Etat, alors que trois années suffiraient pour être magistrat. — Il est aisé de répondre qu'il n'y a rien d'étonnant à ce que les conditions d'aptitude aux diverses carrières soient en certains points différentes. Mais l'injustice signalée n'est qu'apparente. S'il y a injustice, elle se produit en sens inverse. Nul ne peut être nommé à une fonction de la magistrature (les justices de paix mises à part), qu'après un stage de deux ans auprès d'un barreau (L. 20 avril 1810, art. 64). La durée de la préparation est donc portée à cinq ans au *minimum* pour le futur magistrat, tandis que cette durée n'est actuellement que de trois ans pour le futur conseiller de préfecture, et serait de quatre ans avec l'adoption d'une année complémentaire où seraient donnés les enseignements non classés parmi les matières fondamentales.

L'accroissement des charges imposées aux familles par l'admission d'une quatrième année pourrait préoccuper quelques personnes ; et la question aurait, en effet, une gravité sérieuse s'il s'agissait d'imposer une quatrième année à tous les élèves des Facultés de droit, si elle était indispensable pour l'obtention du diplôme de licencié en droit. Mais cette gravité disparaît si la quatrième année est facultative, restreinte à ceux-là seulement qui recherchent les fonctions administratives. Et il en faut toujours revenir à la même considération : l'intérêt qu'a l'Etat, et avec lui tous les administrés, c'est-à-dire le pays tout entier, à avoir des administrateurs instruits et capables.

Ces divers points examinés et discutés avec le plus grand soin, la Faculté, Monsieur le Ministre, usant de la liberté à laquelle vous l'avez conviée, a élaboré deux projets d'organisation des études de licence. L'un, placé par elle en première ligne, a toutes ses préférences ; l'autre qu'elle propose, à titre subsidiaire, pour marquer sa respectueuse déférence envers vos intentions.

IV

PREMIER PROJET

L'organisation actuelle de la licence en droit recevrait les modifications suivantes, qui lui conserveraient néanmoins son caractère, son but et ses avantages :

1° L'économie politique serait placée en première année, et le droit criminel reporté à la deuxième ;

2° Le cours d'histoire générale du droit français deviendrait semestriel et serait *suivi* d'un autre cours aussi semestriel de droit constitutionnel et d'organisation des pouvoirs publics. — Cette translation du cours de droit constitutionnel en première année est admise par le projet qui nous a été soumis. Entre autres avantages, elle offre celui d'alléger et de préparer le cours de droit administratif ;

3° Comme au même projet, le cours de droit administratif serait transporté de la troisième à la deuxième année ;

4° Le cours de procédure civile, dont le programme modifié comprendrait la théorie des preuves et les voies d'exécution, serait rejeté en troisième année.

Il est logique que l'étude des droits sanctionnateurs et de leur fonctionnement ne se présente qu'en dernière ligne et comme le complément des études relatives aux droits générateurs. La place, actuellement donnée au cours de procédure civile, heurte les règles d'une bonne méthode et oblige le professeur à de trop fréquentes incursions en droit civil, incursions rapides, écourtées, superficielles.

5° Le droit international public serait joint au droit international privé, dans un seul cours, sauf au professeur à répartir entre les deux enseignements, les 92 à 95 leçons que comporte une année scolaire.

Le droit romain continuerait à être enseigné pendant les deux premières années.

Dans une quatrième année d'études, ajoutée aux trois années de licence, seraient groupés un certain nombre d'enseignements comprenant le droit maritime, la science et la législation financières, la législation industrielle, la législation coloniale, le droit constitutionnel comparé, etc.

Un examen correspondant à ces enseignements serait institué et donnerait lieu, soit à la délivrance du diplôme de *licencié ès sciences politiques et administratives*, soit à une mention additionnelle, mais formelle, inscrite sur le diplôme de licencié en droit. La superposition ou l'adjonction d'une licence à une autre licence ne serait point une anomalie dans notre système universitaire. Elle est possible dans les *Lettres*, où la licence en philosophie peut s'ajouter à la licence en histoire et toutes deux à la licence ès lettres. Elle est aussi possible dans les *Sciences*.

Ce premier projet se rapproche de celui pour lequel la Faculté de Paris manifeste ses préférences. Il lui ressemble dans ses traits caractéristiques et essentiels. Il ne s'en sépare que sur quelques points de détail.

Ce projet offre l'avantage appréciable de laisser l'entrée ouverte aux créations futures, sans exiger de continuels remaniements des programmes de licence. « Le » nouvel enseignement, organisé sous la forme d'une quatrième année d'études, » recevrait aisément tous les accroissements que l'expérience pourrait suggérer et » que les circonstances permettraient de réaliser. » — « Il est plus sage et plus sûr » de subvenir aux besoins des directions spéciales par des études complémentaires » qui seront d'autant plus fructueuses qu'elles s'appuieront sur une base plus large » d'études générales, mais qui exigent nécessairement une augmentation dans la » durée de la scolarité (1). »

Ce projet se prête facilement à une organisation immédiate, quoique partielle. Il peut être introduit dans les Facultés qui offrent actuellement des ressources

(1) *Rapport* de la Faculté de Droit de Paris.

suffisantes. Il serait successivement introduit dans les autres, quand les ressources nécessaires auraient été créées.

Les licenciés pourvus du nouveau grade seraient dispensés du troisième examen de doctorat.

1ʳᵉ ANNÉE

DROIT ROMAIN. — CODE CIVIL. — ÉCONOMIE POLITIQUE.

| HISTOIRE GÉNÉRALE DU DROIT FRANÇAIS (1ᵉʳ semestre). | DROIT CONSTITUTIONNEL ET ORGANISATION DES POUVOIRS PUBLICS (2ᵉ semestre). |

2ᵉ ANNÉE

DROIT ROMAIN. — CODE CIVIL. — DROIT CRIMINEL. — DROIT ADMINISTRATIF.

3ᵉ ANNÉE

CODE CIVIL. — DROIT COMMERCIAL. — DROIT INTERNATIONAL PUBLIC ET PRIVÉ. — PROCÉDURE CIVILE.

V

DEUXIÈME PROJET

Le second projet que la Faculté, Monsieur le Ministre, vous présente, à titre purement subsidiaire, ne laisse pas plus que le précédent place à une option dangereuse, déguisant une réelle et véritable bifurcation.

Admettant, à regret et par hypothèse, la réduction de l'enseignement du droit romain à une seule année d'études, la Faculté s'est efforcée de maintenir tous les enseignements fondamentaux, de donner plus d'extension aux enseignements de droit public par une sorte de compression et de condensation des programmes. — Pour certains enseignements, le professeur, écartant tous infimes détails, toutes applications que la pratique des affaires seule peut rendre familières, devra n'exposer à ses élèves que les lignes essentielles, ne leur inculquer que les principes généraux.

1ʳᵉ ANNÉE

DROIT ROMAIN. — CODE CIVIL. — ÉCONOMIE POLITIQUE.

| HISTOIRE GÉNÉRALE DU DROIT FRANÇAIS (1ᵉʳ semestre). . | DROIT CONSTITUTIONNEL ET ORGANISATION DES POUVOIRS PUBLICS (2ᵉ semestre). |

2ᵉ ANNÉE

CODE CIVIL. — DROIT CRIMINEL. — DROIT ADMINISTRATIF ET LÉGISLATION COLONIALE.

DROIT DES GENS OU INTERNATIONAL PUBLIC (1ᵉʳ semestre).

LÉGISLATION INDUSTRIELLE (2ᵉ semestre).

3ᵉ ANNÉE

CODE CIVIL. — DROIT COMMERCIAL.

PROCÉDURE CIVILE (1ᵉʳ semestre).

PREUVES ET VOIES D'EXÉCUTION (2ᵉ semestre).

CONTENTIEUX ADMINISTRATIF (1ᵉʳ semestre).

SCIENCE ET LÉGISLATION FINANCIÈRES (2ᵉ semestre).

Le plan d'études de la première année est organisé comme dans le projet.

En deuxième année, le *droit criminel* est placé comme cours annuel. — La *législation coloniale* est associée au *droit administratif* dont elle est une partie intégrante ; mais cette association ne peut nuire à l'enseignement de cette branche du droit. La part qui lui est faite est considérable ; débarrassé des notions de droit constitutionnel, qu'actuellement le professeur doit donner à ses élèves, cet enseignement acquiert, en troisième année, un nouveau semestre ; ce qui porte à la durée de trois semestres le temps qui lui est affecté. — En deuxième année, cet enseignement profite de la présence du cours de *législation industrielle*, et réciproquement lui donne son concours. Aux maîtres chargés de ces enseignements à s'entendre et à s'entr'aider.

La Faculté place en deuxième année le droit international public, à côté du droit criminel, avec lequel il a d'intimes rapports. Ici encore aux deux professeurs à se prêter assistance.

En troisième année, à côté du droit civil et du droit commercial, serait placée la procédure civile, enseignée, non d'après le programme actuel, mais avec adjonction de la théorie des preuves et des voies d'exécution. — Le contentieux administratif vient utilement profiter du voisinage de la procédure générale. — L'élève, préparé par de fortes études de droit administratif, peut, dans le dernier semestre, entreprendre celle de la science et de la législation financières, débarrassées de questions déjà résolues et ramenées ainsi à leur domaine spécial.

DOCTORAT

Mais ce second projet entraîne fatalement la réorganisation des programmes du doctorat.

L'étude du droit romain , transformée en licence, doit être reconstituée et forti-fiée. La Faculté s'est préoccupée du recrutement du personnel enseignant. Elle , qui croit à la nécessité de deux cours de droit romain, même pour la licence, pense que trois cours (comme aujourd'hui) ne sont pas superflus pour maintenir au grade de docteur sa valeur scientifique. Il faut reprendre d'un côté ce qui a été aban-donné de l'autre. Ce n'est pas un accroissement, c'est une restitution.

La Faculté propose l'organisation de deux cours de droit romain : l'un, existant déjà sous la dénomination de *Pandectes,* conserverait son objet, son caractère et son but : l'autre serait plus spécialement consacré à l'histoire, aux institutions, au droit public romain.

Un cours de droit civil approfondi, existant dans quelques Facultés à titre de cours municipal , paraît indispensable. L'expérience a démontré son incontestable utilité.

Le cours d'histoire du droit français (origines féodales et coutumières) serait maintenu pour les raisons qui l'ont fait créer.

Le droit international privé , exclu des programmes de licence, serait placé en doctorat, pour les motifs sus-mentionnés.

Enfin, selon les besoins des régions où siègent les Facultés, dans les unes serait institué un cours de droit maritime (il existe déjà dans plusieurs), dans les autres un cours de droit rural avec adjonction d'études sur le crédit foncier, le crédit agri-cole et les assurances terrestres. — Les lois récentes et les projets de lois, votés par le Sénat , après une longue et minutieuse élaboration , démontrent l'utilité de ce cours de droit rural.

Comme un laps de temps suffisant doit être accordé au travail personnel des étu-diants, les cours de doctorat n'auraient que *deux* leçons par semaine.

EXAMENS.

La modification des programmes de licence et de doctorat entraîne, par voie de conséquence, une modification correspondante dans le régime des examens. La Fa-culté a dû porter son attention sur ce point. — Elle est d'avis de maintenir la di-vision des examens de licence en deux parties, mais avec le correctif, qu'elle a déjà réclamé, d'un plus long intervalle entre les deux épreuves, sans dépasser huit jours. Les interrogations seraient réparties de la manière suivante afin de faire une part plus large aux matières considérées comme les plus importantes.

1ʳᵉ partie, 3 interrogations.   2ᵉ partie, 3 interrogations.

1ʳᵉ ANNÉE

ÉCONOMIE POLITIQUE.	DROIT ROMAIN.
HISTOIRE GÉNÉRALE DU DROIT.	CODE CIVIL.
DROIT CONSTITUTIONNEL.	

2ᵉ ANNÉE.

DROIT ADMINISTRATIF.	CODE CIVIL.
DROIT INTERNATIONAL PUBLIC.	DROIT CRIMINEL.
LÉGISLATION INDUSTRIELLE.	

3ᵉ ANNÉE.

DROIT COMMERCIAL.	CODE CIVIL.
CONTENTIEUX ADMINISTRATIF.	PROCÉDURE CIVILE.
SCIENCE ET LÉGISLATION FINANCIÈRES.	

Pour le doctorat, le troisième examen serait supprimé.

Les deux examens et la soutenance de la thèse auraient lieu, comme autrefois, devant *cinq* examinateurs. La réduction des membres du jury à quatre a amoindri l'importance des épreuves, diminué leur prestige, et rendu plus difficile l'exacte appréciation de la valeur des candidats.

Le premier examen comporterait : trois interrogations sur le droit romain, une interrogation *obligatoire* sur l'histoire du droit romain, et une sur le droit féodal et coutumier.

Le deuxième examen se composerait de : trois interrogations sur le droit civil français, une interrogation sur le droit international privé, une sur le droit maritime ou sur le droit rural, etc.

La thèse conserverait son caractère actuel.

VI

Le second projet, relatif à la licence en droit, et son corollaire afférent au doctorat ne nécessiteraient pas une sensible augmentation du personnel enseignant. Tout professeur titulaire, ou tout agrégé chargé de cours, devrait faire un cours annuel ou deux cours semestriels.

Pour le droit romain, deux professeurs suffiraient, faisant alternativement, tantôt le cours de licence, tantôt les deux cours de doctorat. — Le cours de droit civil approfondi pourrait se joindre à l'un des cours de licence et être successivement fait chaque année par l'un des trois titulaires des chaires actuelles. — Le cours d'histoire du droit est déjà pourvu. — Le droit international privé, le droit maritime pourraient seuls nécessiter la nomination de nouveaux agrégés.

Ce second projet présente encore cet avantage d'être immédiatement applicable dans toutes les Facultés de province, sans demander de trop considérables subsides au budget et de n'en placer aucune dans un état d'infériorité à l'égard des autres. Toutes peuvent être également traitées et retenir auprès d'elles leurs disciples accoutumés.

VII

La Faculté renouvelle le vœu, par elle déjà émis plusieurs fois, que la réorganisation du certificat de capacité soit mise à l'étude.

VIII

Votre sollicitude, Monsieur le Ministre, s'inquiète des chances d'avenir offertes aux agrégés qui seraient chargés des nouveaux enseignements et convie les Facultés à se préoccuper de cette importante question.

La Faculté pense que, vu la composition actuelle du personnel des Facultés de droit, la question se pose avec la même gravité, alors même que de nouveaux enseignements ne seraient point créés.

Pour la résoudre, ne suffira-t-il pas de développer le principe posé dans le décret du 28 décembre 1885 ? — Les agrégés pourront, après x années d'exercice, et sur la proposition de la Faculté, être nommés professeurs *adjoints* (ou *extraordinaires*) avec tous les avantages attachés au titulariat. — Quand une chaire deviendra vacante, le professeur extraordinaire (ou adjoint) ou l'agrégé qui y sera nommé, sur la présentation de la Faculté, pourra, s'il le désire, conserver le ou les cours dont il avait antérieurement la possession.

Telles sont, Monsieur le Ministre, les propositions et les projets que la Faculté a l'honneur de vous soumettre. Quelles que soient les décisions du Conseil supérieur et les vôtres, vous pouvez être assuré, pour leur réalisation, de l'entier dévouement de tous les membres de la Faculté de Toulouse.

POUR ET PAR LA FACULTÉ,

Le Rapporteur,

HENRY BONFILS,

Doyen honoraire.

TOULOUSE. — IMP. A. CHAUVIN ET FILS, RUE DES SALENQUES, 28.